AF290545

El Éxito de MLM En Facebook

Construir Una Línea Descendente Fuerte Con Facebook Para Obtener Ingresos Constantes

Anne Schlosser

© Anne Schlosser, 2020 – 2nd Edition

Impreso y editado por Books on Demand GmbH
info@bod.com.es - www.bod.com.es
Impreso en Alemania – Printed in Germany

ISBN: 978-8-4132-6758-6

Información General

Este documento y todo su contenido está protegido por la ley de derechos de autor. Todos los derechos reservados. La reimpresión o reproducción (o parte del mismo) en cualquier forma (impresión, fotocopias u otros métodos), así como el almacenamiento, proceso, duplicación y distribución por medios electrónicos en cualquier tipo de sistema, del documento completo o parte del mismo, sin autorización por escrito del autor está prohibida. Todos los derechos de la traducción están reservados.

El uso de este libro y la implementación de la información aquí presentada se hace bajo la responsabilidad del lector. El autor y quien lo publica están exentos de cualquier tipo de responsabilidad en caso de que se presenten accidentes o daños de cualquier tipo que se presenten por consejos incluidos en este libro.

Inhaltsverzeichnis

Hoy en día, puede aprovechar el poder de la internet para alinearse con el éxito. Con las herramientas y la estrategia adecuadas, puede crear y comercializar su propio sitio web de generación de leads; calificándose como un líder en línea, ofreciendo valor, atrayendo y firmando nuevas personas interesadas en su negocio de MLM.

¿QUÉ ES EL ''MARKETING MULTI-NIVEL''?

La comercialización multinivel es una estrategia que algunas compañías de ventas directas utilizan para alentar a sus distribuidores existentes a reclutar nuevos distribuidores pagando a los distribuidores existentes un porcentaje de las ventas de sus reclutas; los reclutas son conocidos como distribuidores "downline". Donde todos los distribuidores ganan dinero a través de la venta directa de productos a los clientes.

MLM ha estado disponible durante décadas, pero aún así, sigue siendo uno de los modelos de negocio más mal entendido alrededor. Varias personas tienen la tendencia a olvidar que la comercialización de la red no es un negocio tradicional, en un sentido que no actúa de la misma manera que con otros tipos de empresas, sino que le permite ganar dinero en casa con downlines.

Para los arrancadores, la comercialización de la red es el tipo de negocio que florece en el esfuerzo de un equipo o de un grupo. Además, es un negocio que permite a sus miembros ganar comisiones sobre cuentas de ventas creadas por otros miembros.

Lo bueno de la tecnología de Internet hoy en día es que puede dar forma a cómo la gente comercializa sus productos o construir y desarrollar la comercialización de la red cómo. Para la comercialización de la red, los prospectos del empresario siguen siendo la mejor opción para tener éxito. Estos clientes potenciales son llevados a cabo por downlines trabajador, pero el desafío viene en cómo motivar estos downlines para realizar en un aspecto constante. El éxito en MLM depende de una línea descendente activa por la principal razón que principalmente aportan ingresos de marketing de red.

Muchas personas piensan que el éxito de MLM es un mito y no una realidad. El éxito no es un mito; puede que no sea la mente de éxito que uno desea. Tampoco es un sueño, y requiere trabajo. La planificación es muy importante en las primeras etapas. Sin embargo, uno no simplemente empezar a ejecutar un negocio sin las habilidades y conocimientos adecuados. Por lo tanto, tomar una medida de sus habilidades y experiencia antes de seguir adelante.

Hay cinco componentes principales a la creación de una base sólida para el éxito de la comercialización de la red del Internet. A través de la marca como un líder en línea y la comercialización de la fundación fuerte que crear; usted puede comenzar a crear una corriente constante de los plomos cualificados de MLM y de las perspectivas interesadas para negocio. Los pasos para hacer esto se desglosan como sigue;

1. Branding

En el marketing de redes, la gente quiere trabajar con los líderes. Ellos no están buscando el mejor producto o servicio para promover, están buscando a alguien que puede llevarlos a través del proceso de convertirse en éxito con la comercialización de la red de Internet. Lo emocionante es que mediante la implementación del sistema correcto, usted puede ofrecer este valor! Identificar su mercado objetivo, y averiguar lo que están buscando. ¿Cómo puedes ayudarlos? Cree y ofrezca este valioso contenido, y su audiencia estará deseosa de aprender más sobre lo que tiene que ofrecerles.

2. Páginas Iniciales

En el núcleo mismo del éxito con la comercialización de la red del Internet, es una corriente constante de nuevos plomos. El lugar en el intemet donde estos lleva realmente unirse a su lista es una página de destino. Realmente hay una tonelada que se dedica a la creación, optimización y promoción de sus páginas de destino.

3. Respuesta Automática de Correos

Una vez que alguien "opta por" o introduce su información en su página de destino, le están dando permiso para contactar con ellos, y se convierten en una ventaja para su negocio. Con sus mensajes del autoresponder del email, no salte derecho a la comercialización su oportunidad de MLM. En su lugar, ofrecer información de valor que ayudará a las personas en su lista de mejorar sus vidas! Mantenga los correos electrónicos en línea con lo que usted dijo que iba a ofrecer, y entregar valor. Esto es realmente clave para el éxito de la comercialización de la red de Internet.

4. Blog

Crear un sitio web o un blog (separado de su sitio replicado de la empresa) es una excelente manera de vincular todos sus esfuerzos de marketing de red en un solo lugar y generar tráfico a sus páginas de destino. Recuerde, el éxito es todo sobre la marca, por lo que ofrecen valor en su blog. Es posible que desee compartir herramientas, sugerencias y contenido valioso y útil para su audiencia. Éxito de la comercialización de la red del Internet requiere el tráfico de la tela, así que sepa que su diseño de la tela y fijó es solamente el principio.

5. Campaña de Mercadeo de Artículo o Contenido

El contenido de calidad es clave para promocionar su marca personal en línea y dirigir el tráfico hacia sus páginas. Esto incluye sus páginas de destino y su blog. Hay muchas vías de distribución que puede utilizar para canalizar su contenido a través de, como YouTube, Facebook, un Ezine o su propio sitio. Asegúrese de que todo el contenido valioso que publique enlaces vuelva a sus páginas de destino donde las personas pueden unirse a su lista, convertirse en un líder y obtener más información y valor de usted.

Recuerde que el éxito en la comercialización de la red de Internet toma tiempo y esfuerzo de construcción y comercialización de su fundación. Sea paciente, y mantenerse enfocado en aportar valor y ayudar a la gente. Con esto en el centro de su negocio, usted será capaz de generar una a-bundancia de clientes potenciales para su negocio, y crear el éxito de reclutamiento y patrocinio que desea a través de la red de comercialización de Internet.

LLEVANDO EL ÉXITO DE MLM DESDE UN SUEÑO A LA REALIDAD

MLM éxito no tiene que eludir a la gente. Dado suficiente tiempo, el esfuerzo y el éxito del ajuste vendrán. El mayor trato para las personas es la capacidad de dirigirse a las perspectivas adecuadas. No son familiares y amigos, sino personas que buscan una solución u oportunidad particular que usted proporcione. El primer paso es la planificación de su perspectiva ideal, puede encontrar una plantilla de perfil de un comprador en línea. Este perfil, si se hace correctamente le dirá cómo comercializar a ellos y dónde. Usted necesitará datos fácticos para la firma, este datos impulsa todo en su comercialización.

Esto viene de mejorar continuamente la forma de hacer las cosas. No espere hasta que lo sabe todo y ha desarrollado el sistema perfecto y la presentación. Comienza con algo. Con el tiempo, hacer pequeñas mejoras en su material de ventas o técnicas de presentación le permitirá a usted ya su negocio evolucionar en una poderosa y rentable máquina de ingresos.

LO QUE NECESITAS PARA CONSTRUIR TU MLM COMO UN PROFESIONAL

No sólo es posible, pero usted puede construir su MLM profesionalmente. He aquí cómo: permite asumir que ya está involucrado en una red de comercialización y han encontrado un MLM que los productos que conoce, uso y confianza. Usted está emocionado y listo para construir un equipo. Ahora necesitas un plan de juego.

Para generar duplicación masiva e impulso en su organización, construya con 12 Puntos de Luz.

Para construir un equipo fuerte que necesita para contratar al menos 12 personas. La forma de hacer esto es que reclutar a 3 personas, que cada patrocinador 3 más personas, para un total de 12 personas. Ahora tienes 12 personas en tu equipo con 3 piernas. Y lo único que hiciste fue reclutar a 3 personas.

De ese grupo de 12, al menos 3 líderes surgirán. Su trabajo es trabajar con estos líderes para ayudarlos a alcanzar sus metas. No espere que alguien más haga esto por usted y no pase demasiado tiempo trabajando con las personas equivocadas.

Enseñe y entrene a los nuevos reclutas para que hagan lo que hacen. Se llama "R & D", y significa rasgar y duplicar. El entrenamiento es probablemente la forma más eficaz para mantener su poder de su línea descendente, y evitar que caiga fuera. Si usted los abandona una vez que los tienes, hay reunión semanal de oportunidades de negocios (BOM), reunión de negocios personales (PBR) y super sábado para ayudarle a construir y hacer crecer su equipo.

Lo que significa que el esfuerzo de una persona puede traducirse en una producción masiva para usted y su equipo. Esa es una manera de construirlo.

MLM funciona mejor cuando se entrena bien su línea descendente y engañado con ellos de una manera que crea confianza y emoción. Su gente trabajará más duro para usted si sabe que está trabajando duro para su éxito, también.

FORMAS DE PERSUADIR Y GENERAR INGRESOS A TU PÁGINA DE FACEBOOK

Cuando se trata de obtener un liderazgo de marketing de red MLM, un sitio web de reclutamiento favorito para muchos nuevos vendedores de red es Facebook. Redes es el tema principal detrás de Facebook. Facebook puede ayudarle a encontrar amigos del pasado, engañados con los que ahora se están reuniendo, y encontrar otros grupos basados en intereses.

Hay una buena razón para esto que usted descubrirá mientras lee. Aunque todos podamos estar familiarizados con Facebook, pero al mismo tiempo pensando nunca para expatiar demasiado profundo en este sitio. ¿Por qué no relajarse y prestar la máxima atención mientras se aprende más.

Facebook se ha convertido en el principal sitio de Internet para conectar a las personas con sus amigos. Muchas personas han encontrado amigos perdidos desde la escuela secundaria, la universidad u otras veces. Una vez que usted les pide que sean su amigo, usted es capaz de obtener noticias sobre ellos a través de un feed de noticias. Cada vez que un amigo publicar noticias sobre sí mismos, esta información se actualiza a todos aquellos que son amigos. Esto es lo mismo para ti, porque al publicar contenido e información sobre tu estado, tus amigos verán esto también.

Facebook es también un gran lugar para unirse a grupos de personas con intereses similares a los suyos. MLM y grupos de marketing de red son la mejor opción para conectarse con otros interesados en el mismo campo. Es probable que encuentre varios MLM y grupos de marketing en Internet en Facebook que apelar a usted. Cuando te unes a estos grupos, podrás interactuar con otros miembros. A medida que interactúas, podrás compartir ideas y técnicas que están funcionando para ti y para los demás. Hay mucha información que se puede compartir entre los miembros.

Una vez que comience a interactuar con estos grupos, valdrá la pena invitar a las personas a convertirse en su amigo. Simplemente baje la lista de personas que están registradas en el grupo e invítelas. Debido a que ya no son amigos, es posible que desee enviarles una nota breve diciéndoles dónde los conociste. Recuerde no usar la misma nota cada vez, sin embargo, ya que esto podría ser visto como spam y esto podría conducir a perder su membresía.

A medida que gane más amigos, e incluso pronto, es una buena idea separar a sus amigos en listas. Por supuesto, usted deseará una lista de sus amigos de la comercialización de la red, pero puede ser agradable separar a su familia, amigos de la High School secundaria, amigos de la iglesia, etc. en listas separadas de modo que sea fácil encontrarlos. Finalmente, tus nuevos amigos también tendrán amigos que quizá quieras añadir a tu lista. ¡El establecimiento de una red a través de Facebook puede realmente ser un proceso simple y puede crecer fácilmente su lista de la ventaja de la comercialización de la red de MLM rápidamente!

Bueno, te diré exactamente cómo usar la cuenta de Facebook para tu negocio de Network Marketing.

Construir relaciones con personas en las redes sociales es importante. Cuando empiece a usar Facebook para crear su negocio de Network Marketing, asegúrese de establecer una meta para desarrollar relaciones a largo plazo y mutuamente beneficiosas. Su propósito es proporcionar información valiosa para el mercado y también desarrollar relaciones con la gente. Recuerde que siempre debe ser "Interesado en su perspectiva, no es interesante" Significado interesante, hablando de sí mismo y lo maravilloso que es su oportunidad Sólo lanzar su oportunidad de comercialización de la red o producto justo fuera de la puerta por lo general no funciona muy bien. para construir relaciones con personas con las que se conecta.Si se hace correctamente, sus seguidores sin duda le preguntará acerca de su oportunidad o producto.

Hablemos de algunas de las cosas que no debes hacer. Primero no ponga una imagen de su producto o de su negocio. Es Facebook, no libro de imágenes. Cuando usted se describe en el área de información, no sólo decir "Estoy aquí para ayudarle a la libertad financiera o le enseñaré cómo hacer $ 20K al mes" No ponga videos o fotos que no se vería profesional. Por ejemplo, fotos de tu fiesta de Año Nuevo o del juego de fútbol en el que podrías haber bebido un poco.

¿Cuáles son los dos? Primero empieza con tu foto. Un buen tipo sonriente de negocios informal sería genial. Su bio debe describir usted y su negocio, no sólo usted. Al elegir sus favoritos asegúrese de que están relacionados entre sí. Si usted es un fan de Golf, pero elige un libro sobre el hockey como su libro favorito, que realmente no coincide, incluso es cierto. Su caja de información debe ser información básica acerca de usted como si está casado, con quién está casado y sus enlaces a su página web.

Obtener una gran cantidad de páginas que se refieren a su business. Tenga en cuenta que me dijo. Comenzar a hacer comentarios de frijoles en esas partes y un poco como "HI JANE, veo que eres un pedazo de ...., así que soy yo, no hay duda John". La mayoría de la voluntad le proporcionará su mejor. Una vez que aceptan su solicitud, dejarles un mensaje y empezar una respuesta. Nastía dije una respuesta, no una opinión de ventas.

Al colocar contenido en tu cuenta de Facebook, usa el sentido común, Detente y piensa en lo que quieres escribir antes de publicar una actualización, subir una imagen o invitar a alguien a jugar. Desea agregar valor a todos sus amigos. Si usted encuentra que está publicando imágenes que podrían disminuir su estatus como una autoridad, entonces usted quiere pensar acerca de por qué está usando Facebook para empezar. ¿Qué quieres que la gente te perciba como? Alguien que se queja de la política? Alguien que habla de lo negativo que es su familia? Sólo recuerda que la gente te está mirando y tal vez ni siquiera te des cuenta.

Aquí hay algunas preguntas que usted querrá preguntarse cuando esté a punto de publicar una actualización de estado en Facebook. ¿Es esto algo que me gustaría leer o ver? Si yo estuviera a leer este post, ¿me desanime acerca de la industria de la comercialización de la red o la oportunidad? ¿Hay algún valor perspicaz o información útil en este post? Al hacer esto, se inspirará en la colocación de citas de motivación, el envío de buenos artículos, videos y así sucesivamente. Desea proporcionar contenido interesante para que sus amigos quieran saber lo que está haciendo. En Facebook, debes venderte como líder, no vender un producto o servicio.

Una vez que haya sido publicado en Facebook para un while, usted puede iniciar una empresa en la medida en la que le proporcionaría información a otros para ayudarlos en su negocio o su vida. Esto ayudaría a construir su casa y creará una ventaja de que usted es una ventaja en su campo. También puede utilizar Facebook Pay Per Click, pero son muy estrictos y hay una posibilidad de que se le asigne. Asegúrese de hacer usted mismo con sus guías.

Conociendo estas sencillas recomendaciones sobre cómo utilizar Facebook para que su empresa en la fabricación de buques hará una tonelada de diferencias en sus necesidades. Para ser feliz con Facebook, debe ser una persona de valor, una mejor de sus amigos que desee conocer. Si usted conoce estos pasos, usted tendrá problemas más rápido de lo que podría ser imán.

AQUÍ HAY ALGUNAS FORMAS DE ENSEÑARTE A CONSTRUÍR UNA FUERTE BASE PARA INGRESO CONSTANTE

1. Cuando entras en tu negocio de marketing basado en la red, escribe tus planes y metas. Estoy seguro de que has oído decir muchas veces antes ... "La mayoría de la gente nunca planea fallar, simplemente no planean". Tómese el tiempo para escribir sus planes y metas. Sea realista, pero sea duro consigo mismo. Empujarse. Una de mis citas favoritas es "Lo que tu mente puede concebir, puede lograr".

2. Comience inmediatamente. No espere a que todo sea perfecto antes de empezar. Eso nunca sucederá. Saltar y empezar.

3. Tratar su mlm / negocio de la comercialización de la red como negocio serio, a tiempo completo, y rápidamente se convertirá en uno.

4. No centrar su atención en tratar de patrocinar el "gran bateador" que le dice que van a traer a 120 personas. Claro, sería bueno, pero no se deje atrapar por el bombo y la emoción. Se necesita un esfuerzo de equipo.

5. Saber que el rechazo sucederá. No todo el mundo va a querer lo que tienes. Hay algunas personas que usted podría poner una pila enorme de oro en su patio delantero, y todavía caminar derecho encendido por ella. O simplemente no creerán que es oro. No te desanimes. Hay literalmente MILLONES de personas que quieren lo que tienes.

6. ¡Seguimiento! Este es el factor más importante para su éxito. Usted probablemente ha escuchado

que la fortuna está en el seguimiento. La gente rara vez le devolverá la llamada, pero se unirán a usted si le siguen y les demuestran que se preocupan por sus necesidades. Llámelos y pregunte cómo van las cosas ... o al menos envíelos por correo electrónico. Al seguir con todos, patrocinará nuevos socios comerciales en su negocio de mercadeo en red.

7. Tenga paciencia. Los grandes ingresos nunca suceden de la noche a la mañana. Y esto es especialmente cierto si también está trabajando un trabajo de tiempo completo en algún lugar. Puede tomar un año o dos para obtener su meta de ingresos y dejar su trabajo actual. Si supiera que podría estar haciendo su negocio en casa a tiempo completo en sólo un año a partir de ahora ... ¿valdría la pena la espera?

8. No le dé a sus nuevos representantes expectativas salvajes. Hágales saber qué esperar. Siempre sea honesto con ellos.

9. Darse cuenta de que su negocio mlm va a requerir una inversión. Al igual que un negocio de ladrillo y mortero, su negocio en casa va a requerir una inversión en suministros y herramientas de marketing. Afortunadamente, la comercialización de la red no requiere que usted tome una segunda hipoteca para operar.

10. No deje que nada le eche de su negocio basado en el hogar y hacer que usted deje de fumar. Sólo puedes fallar en este negocio si te das por vencido.

11. No enviar por correo muestras y materiales a unas pocas personas y luego esperar grandes cheques a aparecer de repente. Muy

probablemente, le tomará algunos meses para tener un ingreso constante que viene.

12. Ayude a la gente que patrocina tanto como pueda. Ayúdalos a empezar. Ayúdeles a patrocinar a sus dos primeras personas haciendo llamadas de 3 vías con sus prospectos. Déjelos saber que usted está allí para ellos y usted los apoya. Enseñe a sus nuevos representantes la importancia de hacer lo mismo. Así es como se construye un equipo.

13. No hagas cosas para tus representantes que deben hacer ellos mismos. Hay una línea fina entre ser útil, y hacer todo el negocio para ellos. Entender su línea descendente va a hacer lo que haces. Predicar con el ejemplo. Haz todas las cosas que quieres que tus representantes hagan. Asegúrese de que el ejemplo que está configurando es uno que le gustaría seguir si estuviera en sus zapatos.

14. No pierdas tiempo con los cínicos o con personas no motivadas. No tendrán éxito en este negocio, o cualquier otro negocio para esa materia. Tratar de arrastrar a alguien en su negocio sólo va a drenar de toda su energía y te golpeó hacia abajo. Déjelos ir y seguir adelante.

15. No gimotear y quejarse a su línea ascendente cada vez que usted tiene un problema. Nadie quiere pasar tiempo con whiners constante y complainers.

16. Siempre operar su negocio de una manera profesional y ética. No haga afirmaciones falsas sobre su producto de marketing de mlm / network, ni exagere sus ingresos. Dé a sus prospectos los hechos y usted construirá la confianza. La gente puede ser más inteligente de lo que piensas. La mayoría puede olfatear si estás siendo deshonesto rápidamente. Entonces usted ha perdido su credibilidad, así como su perspectiva.

17. Aprenda todo lo que pueda acerca de su negocio en el hogar. Manténgase al día con todo lo que está pasando. Aprenda un poco acerca de sus competidores para que pueda responder preguntas sencillas sobre las diferencias entre ellos. Pero no los ponga a su perspectiva, no importa cómo usted se siente sobre ellos.

18. ¡Piensa GRANDE! Piensa en grandes sueños. Establezca metas GRANDES. Pequeño pensamiento produciendo pequeños resultados. Vivir la vida sin poner límites a ti mismo.

19. Mantenga un estrecho contacto con su nueva gente que usted patrocina en su negocio de mercadeo en red. Hágales saber que usted cuida y está allí ayudar. Elogie a su nueva gente que está haciendo cosas buenas. Siempre por lo menos enviar un correo electrónico a ellos cuando patrocinan a alguien nuevo. Hágales saber que están haciendo un gran trabajo!

20. ¡Siempre sea ENTUSIÁSTICO! Sonríe cuando estás en el teléfono. Diviértete y deja que otros sientan tu entusiasmo por lo que estás haciendo. Rápidamente se contagia.

21. Cuando descubras nuevas maneras de construir tu negocio casero del mlm, comparte con otros en tu equipo. Recuerde … la duplicación es la clave del éxito en este negocio.

22. Manténgase organizado con su negocio. Tenga un sistema en lugar para no perder de vista a los que están probando su producto, o el pensamiento de conseguir comenzado, aunque sea apenas un cuaderno para escribir sus nombres adentro.

23. Escuchar cintas, o leer libros sobre marketing en red y desarrollo personal. Pagará grandes dividendos a medida que pasen los meses. Pregunte a cualquier líder en su negocio sobre la

importancia del desarrollo personal y todos le dirán lo mismo.

24. No permita que los pequeños problemas y los rechazos que surgen le desanime y le moleste. Piense en los aspectos positivos, y siempre mantenerse enfocado en el panorama general.

25. ¡Diviértase! La gente quiere estar alrededor de otros que se divierten, ya sea en la vida cotidiana, o su negocio. Diviértete con tu negocio basado en casa. Diviértete y mira cuántos otros quieren participar en lo que estás haciendo.

El gran aspecto de la comercialización de la red es que la empresa será capaz de ejecutar una vez que haya logrado una línea descendente fuerte y sólida. Para alcanzar esto, hay tres pautas que usted debe recordar, por ejemplo: reclutar solamente el mejor, ofreciendo la ayuda, y animando.

En primer lugar, si usted está construyendo una línea descendente de individuos ambiciosos y motivados, se le daría un tiempo muy difícil. La clave para el reclutamiento es desarrollar una campaña de marketing que sólo se dirige a los reclutas de oro. Si utiliza medios de campaña disponibles, por ejemplo, recuerde no pujar sólo en palabras clave sencillas, sino en otros nombres de programas de marketing de afiliación.

En segundo lugar, tenga en cuenta que la razón de algunos de la mayor tasa de rotación en la industria de la comercialización de la red es la falta de patrocinio. Cada persona que entra en el busihess requiere un mentor que se ha demostrado como un experto en cómo ser un éxito en la industria de la comercialización de la red. Más importante aún, los mentores deben poner su ego a un lado y deben estar dispuestos a ayudar a los principiantes en el proceso de desarrollar sus propios esquemas de comercialización. Hay varias personas que abandonan la industria porque se sienten abrumados y temerosos. Con unos pocos correos electrónicos e incluso llamadas telefónicas de usted, usted será capaz de transformar un signo aterrorizado en una perspectiva dorada. Todo el mundo tiene que empezar en alguna parte y es natural sentirse abrumado. Sin embargo, establecer mucho contacto con sus líneas descendentes puede ayudar a nutrir su negocio.

Por último, recuerde que a pesar de que se convierte en un hotshot en el negocio con varios sign-ups por semana, es importante seguir tratando los logros de sus líneas descendentes con el mismo respeto que tratar el suyo. El estímulo puede ir una milla extra y puede ayudarle a ganar dinero en casa con downlines.